de coração

A você, que é a razão da minha alegria
e me ensinou o que é amar.
Com todo o meu carinho,

Para o meu Amor de coração

LUIZ ALEXANDRE SOLANO ROSSI

Ainda que eu fale todas as línguas
dos homens e dos anjos,
se não tiver amor sou como
o bronze que soa
ou o sino que retine...

mesmo que tivesse toda a fé
a ponto de transportar montanhas,
se não tiver amor,
não serei nada.

(1 Coríntios 13)

Nada vale a pena
se a vida não florescer,
se os pássaros não cantarem.
Nada vale a pena se você
não sorrir para mim.

O amor lança fora o medo
e reafirma a vida,
a felicidade contagia o coração
e expulsa o desamor,
a voz suave dos apaixonados
cria novas avenidas de amor.

Não posso ignorar
sua beleza
se ela se manifesta a mim
diariamente
em cada pôr do sol.

Meus braços envolvem seu corpo
que pede por proteção.
Seu corpo em meus braços
domina minha vida
e exige satisfação.

Contemplo sua face demoradamente.
não movo os olhos,
não respiro,
não mexo um único músculo.
Somente observo a beleza
indescritível de sua face.

A sua beleza se renova
a cada dia
nos gestos graciosos
de quem procura o amor.

"Meu bem" é a síntese
do encontro entre mim e você.
Por isso, deixo definitivamente de ser eu,
para viver em você.

A criação poética
que brota em minhas entranhas
tem por leito o seu amor.

O amor e a ternura
fizeram morada em seus olhos,
transformando minha vida
numa fonte constante de alegria.

Bastaria um só sorriso seu
para alegrar o mundo.
Mas tão belo sorriso,
por mais infinito que seja,
cabe apenas
em meu coração.

Diante da sua beleza
somente me resta
o silêncio da
contemplação.

Ao olhar para o céu,
as estrelas sorriam para mim.
Guardavam com elas um
segredo...
chamado amor!

O desejável não preenche
o meu desejo de amor,
mas aprofunda-o,
alimentando-me com novas formas
de querer você.

Busco no céu estrelado
a sua face,
viajando, velozmente,
ao seu encontro.

A felicidade é uma receita
que se fez única
quando a conheci.

Põe-me como selo sobre o teu coração,
como selo sobre o teu braço,
porque o amor é forte como a morte.
(Cântico dos Cânticos 8,6)

Sou pessoa
Sou afeto
Sou beijo
Sou amor
Sou carinho
Sou companhia
Sou seu.

Em você encontrei um oásis
de água cristalina.
Ali plantei minha vida
à sombra do seu amor.

Assim como a lua
ilumina a noite escura,
o brilho de sua beleza
ilumina o meu caminhar.

Saudades me levam a caminhar
em sua direção.
Em meus passos,
encontro os seus.
Juntos, peregrinamos,
pela mesma estrada chamada amor.

Seu amor é como
pequenas gotas de orvalho
que caem constantemente
sobre o meu coração.

Meu coração já não pertence a mim.
Minhas emoções estão cativas a você.
Não sou mais eu,
creio que sou você.

Quero experimentar o mel
que brota de seus lábios
e assim me embriagar
com as delícias do seu amor.

Busco em seus olhos
mundos inimagináveis,
mares nunca antes navegados,
felicidade jamais atingida.
Encontro em seus olhos
um novo mundo a explorar.

Eu sou do meu amado
e o meu amado é meu.

(CÂNTICO DOS CÂNTICOS 6,3)

Eu somente queria que a vida
fosse tão bela quanto seus olhos.
Eu somente queria que a vida
fosse tão alegre quanto seu sorriso.
Eu somente queria você para ser feliz.

Quantas vidas precisaria
para aprender sobre o amor.
Quantas vidas precisaria viver
para conhecer o amor.
Quantas vidas necessitaria
para viver plenamente seu amor.

A harmonia
do canto dos pássaros
e das cores das flores
é um dom da natureza.
A harmonia do espírito
é um dom de Deus,
mas a harmonia de corações alegres
e amorosos pertence a nós.

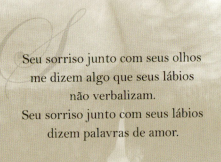

Seu sorriso junto com seus olhos
me dizem algo que seus lábios
não verbalizam.
Seu sorriso junto com seus lábios
dizem palavras de amor.

Queria parar o tempo
e eternizar o presente,
para nunca, nunca mais,
precisar me despedir de você.

Ao olhar para a lua
vi a sua face entristecida.
Seus olhos procuravam
impacientemente por alguém.
Subitamente percebi que suas lágrimas caíam,
pavimentando o caminho até mim.
E, assim eu subi, levando comigo
as gotas de lágrimas,
mas agora transformadas
em gotas de amor.

O sol pode não mais nascer,
os pássaros podem emudecer
e seu canto nunca mais ser escutado.
Mas nada pode impedir
a primavera do nosso amor.

Se desço ao mais profundo dos mares,
aí encontro seu amor.
Se viajo para as mais distantes estrelas,
sua imagem me acompanha.
Se escalo a mais alta das montanhas,
seu carinho me acompanha.

O ódio excita contendas;
mas o amor
cobre todas as transgressões.
(PROVÉRBIOS 10,12)

Fiz calar e sossegar a minha alma
quando escutei a sua voz
e aprendi o que era o amor.

Dê-me suas mãos
que completarei com as minhas.
Dê-me seu coração
que juntarei ao meu.
Dê-me sua alma
que misturarei à minha.
Dê-me seus olhos para que
junto aos meus contemplemos
novos horizontes.

Creio na força do amor
que nos convida
à entrega mútua
e à procura do amor
jamais amado.

Desejo você mais do que a vida,
penso em você mais do que em mim,
perco-me em você,
para me encontrar.

Falta-me cor, luz e emoção.
Falta-me paixão, desejo e criação.
Falta-me ar...
Falta-me você.

Desejo ser para você
uma nova fonte de luz,
desejo habitar
seus mais lindos sonhos,
desejo iluminar seus dias
como se não houvesse amanhã.

Não me bastam suas palavras,
quero os lábios que as pronunciam.
Não me basta o seu olhar,
quero os olhos que me contemplam.
Não me basta seus abraços,
quero o corpo que me abriga.

Dos seus lábios quero um beijo,
das suas mãos um carinho,
dos seus olhos uma paixão,
do seu coração o desejo,
do seu corpo o perfume,
da sua vida a alegria.

Revesti-vos do amor,
que é o vínculo da perfeição.
(Colossenses 3,14)

Quero ser seus melhores sonhos,
quero ser as melhores canções em seus lábios,
quero ser seu melhor sorriso,
quero ser seu maior prazer,
quero ser absolutamente seu.

Assim como as flores,
o amor não escolhe
lugar para nascer!

*H*á um nome que me ilumina,
uma presença que me revigora,
um sorriso que me alegra,
um caminho que me rejuvenesce,
um olhar que me conforta.

Quando estou ao seu lado
uma brisa suave de felicidade
vem me agasalhar.

*A*mar e ser amado
não são desejos,
nem sonhos ou utopias.
Amar e ser amado
para nós passou a ser
o imperativo da felicidade.

Do que me vale alcançar o céu
se não puder viver em seu coração?
De que me vale tocar as estrelas
se não puder acariciar a sua face?
De que me vale a vida
se não puder amar você?

De todos os presentes que você me deu,
nenhum foi mais precioso
do que o seu sorriso.

Quem é você que incessantemente
brilha sobre a minha vida
e ilumina meus passos
do nascer ao pôr do sol?
É tão somente
o sol da minha vida!

Beija-me com beijos de tua boca!
Teus amores são melhores do que o vinho.
(CÂNTICO DOS CÂNTICOS 1,2)

As muitas águas
não poderiam apagar este amor,
nem os rios afogá-lo.
Ainda que alguém desse
todos os bens da sua casa por este amor,
seria de todo desprezado.
(Cântico dos Cânticos 8,7)

Não vivo mais para mim,
pois sou seu.
Por ser seu,
é que me fiz alguém.

Fiz-me cúmplice do seu amor
fiz-me seu para ser alguém
fiz-me sorriso para alegrar seu viver.

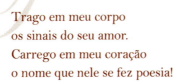

Trago em meu corpo
os sinais do seu amor.
Carrego em meu coração
o nome que nele se fez poesia!

Batizei a felicidade
e a esperança
com a doce pronúncia do seu nome.

Os medos
da noite sombria da vida
somente cessam
quando sua imagem
invade a minha mente.

Diante da mais bela flor
me fiz criança:
bem-me-quer, bem-me-quer
quem-me-quer, quem-me-quer
eu-te-quero, eu-te-quero.

Quão formosa,
e quão aprazível és,
ó amor em delícias!
(CÂNTICO DOS CÂNTICOS 7,6)

Não é possível imaginar...
o céu sem as estrelas,
o músico sem a canção,
a festa sem a alegria,
o perfume sem o aroma...
eu sem você!

As estrelas que brilham no céu
não conseguem ofuscar o brilho
da sua estrela aqui na terra.

A melodia de sua voz
é qual canto dos pássaros
saudando o raiar
de um novo dia.

Jurei servir somente ao amor;
hoje sou escravo do seu coração.

O brilho em seus olhos
me fez garimpar os mais belos
diamantes jamais descobertos.

Meu mundo é do seu tamanho:
nem mais
nem menos,
apenas você!

O seu amor me provoca
cócegas na alma
e me faz sorrir de alegria.

Para que serve o sol,
se tenho seus olhos
brilhando para mim?
Para que serve a lua,
se tenho você
iluminando meu caminho?
Para que me servem
as cores e aromas das flores,
se tenho o perfume do seu corpo
impregnado no meu?

Isto é que vos peço,
que vosso amor cresça
cada vez mais.
(Filipenses 1,9)

Sua ausência me faz chorar,
sua presença me traz alegria.
Sua ausência causa desconforto,
sua presença apazigua o coração.
Sua ausência provoca dores n'alma,
sua presença faz nascer o sorriso da vida.

Sonhei que namorávamos na lua,
e, a cada beijo,
enormes clarões iluminavam
a noite serena na terra.

Você é a poesia que nunca escrevi,
você é a canção que nunca cantei,
você é o sonho que nunca sonhei,
você é o perfume que nunca inspirei,
você é a vida que jamais vivi,
você é o tudo em meio ao nada.

O deserto somente é árido
porque não foi orvalhado
com as gotas privilegiadas do seu amor.

O amor tudo sofre,
tudo crê, tudo espera,
tudo suporta.
O amor jamais acaba;
havendo profecias, desaparecerão;
havendo línguas, cessarão;
havendo ciência, passará.
Agora, pois permanecem a fé,
a esperança e o amor.
Porém o maior destes é o amor.

(1 Coríntios 13,1.4.6-8.13)

Dados Internacionais de Catalogação na Publicação (CIP)
(Câmara Brasileira do Livro, SP, Brasil)

Rossi, Luiz Alexandre Solano
 Para o meu amor de coração / Luiz Alexandre Solano Rossi. – São
Paulo : Paulinas, 2011. – (Coleção de coração)

 ISBN 978-85-356-2779-4

 1. Poesia brasileira I. Título. II. Série.

11-01747   CDD-869.91

Índice para catálogo sistemático:

1. Poesia : Literatura brasileira   869.91

Direção-geral: *Flávia Reginatto*

Editora responsável: *Andréia Schweitzer*

Coordenação de revisão: *Marina Mendonça*

Revisão: *Equipe editorial*

Assistente de arte: *Sandra Braga*

Gerente de produção: *Felício Calegaro Neto*

Projeto gráfico: *Telma Custódio*

Nenhuma parte desta obra poderá ser reproduzida ou transmitida por qualquer forma e/ou quaisquer meios (eletrônico ou mecânico, incluindo fotocópia e gravação) ou arquivada em qualquer sistema ou banco de dados sem permissão escrita da Editora. Direitos reservados.

Paulinas
Rua Dona Inácia Uchoa, 62
04110-020 – São Paulo – SP (Brasil) – Tel.: (11) 2125-3500
http://www.paulinas.org.br – editora@paulinas.com.br
Telemarketing e SAC: 0800-7010081
© Pia Sociedade Filhas de São Paulo – São Paulo, 2011